27

L n 19310.

# ORAISON FUNÈBRE

DE SON ÉMINENCE

MONSEIGNEUR LE CARDINAL

## DE TALLEYRAND-PÉRIGORD,

### ARCHEVÊQUE DE PARIS,

### GRAND-AUMONIER DE FRANCE;

PRONONCÉE DANS LA BASILIQUE DE NOTRE-DAME DE PARIS;

LE 29 NOVEMBRE 1821,

PAR M. L'ABBÉ FRAYSSINOUS,

PREMIER AUMÔNIER DU ROI.

## A PARIS,

Chez Adrien Le Clere, Imprimeur de N. S. P. le Pape, de Mgr. l'Archevêque de Paris et de Mgr. le Grand-Aumônier de France, quai des Augustins, n°. 35.

1821.

# ORAISON FUNÈBRE

## DE SON ÉMINENCE

## MONSEIGNEUR LE CARDINAL

# DE TALLEYRAND-PÉRIGORD.

~~~~~~~~

*Mortuus est in senectute bonâ, plenus dierum et divitiis,
et gloriâ, et regnavit Salomon filius ejus pro eo.*

I. Paral. xxix, 28.

Il mourut dans une heureuse vieillesse, comblé d'années,
de biens et de gloire, et Salomon son fils régna en sa place.

MONSEIGNEUR (1),

Il n'est donc plus ce Pontife vénérable
que le Ciel, après tant de désastres, n'a-

(1) Mgr. l'Archevêque de Paris.

voit, ce semble, élevé sur le siége émi-
nent de cette Capitale que pour faire pa-
roître dans un plus grand jour les précieuses qualités dont son ame étoit enri-
chie; il n'est plus cet ancien de l'épiscopat françois! Mortel, il est tombé sous les
coups de la mort, comme le plus humble
vulgaire. Ni la noblesse du sang, ni l'éclat
des dignités, ni le charme des vertus les
plus pures, ni la tendresse d'une famille
éplorée, ni les soins de ses fidèles servi-
teurs, ni les regrets de tout ce qui ap-
prochoit de sa personne, ni la royale sollicitude du Monarque et de ses augustes
Enfans, rien n'a pu le conserver à notre
vénération et à notre amour! O Religion
sainte de nos pères, piété sincère, inno-
cence de mœurs, affabilité touchante,
inaltérable douceur, trouvâtes-vous jamais sur la terre un cœur plus digne que
le sien de vous servir de sanctuaire?

Oui, nous pouvons dire à sa louange et

pour notre consolation, sans craindre de trouver un seul contradicteur, qu'il a vérifié les paroles du texte sacré, qu'en lui une jeunesse honorable a été couronnée par une vieillesse plus honorable encore : *Mortuus est in senectute bonâ;* qu'il est mort comblé d'années précieuses pour la Religion, de trésors amassés pour le Ciel, et de cette gloire véritable que le temps ne sauroit flétrir : *Plenus dierum et divitiis, et gloriâ;* que, s'il a été enseveli dans les regrets et les larmes de tous, il a été particulièrement pleuré de vous, Monseigneur, qui étiez destiné à lui succéder, comme un fils à son père; qui, plus d'une fois, avez manifesté devant nous tout ce que vous goûteriez de bonheur, s'il vous étoit donné de racheter ses jours aux dépens des vôtres; et qui, en héritant de sa charge pastorale, avez hérité aussi de sa tendre sollicitude pour le peuple fidèle qui lui étoit confié. Ainsi, en quittant la

terre, il aura comparu devant celui que
les livres saints appellent *le Prince des
Pasteurs*, avec le double mérite d'avoir
gouverné saintement le *troupeau de Dieu*,
et de lui avoir légué un autre lui-même.
*Mortuus est in senectute bonâ, plenus
dierum et divitiis, et gloriâ, et regnavit
filius ejus pro eo.*

O combien le respect et la reconnoissance doivent rendre chère à notre cœur,
et pénible en même temps, la tâche de
prononcer son Eloge funèbre, et de rappeler les bonnes, les belles actions qui ont
rempli sa vie toute entière! Dans ce souvenir, il est vrai, se trouve la source de
nos consolations; mais là aussi se trouve
celle de nos regrets. Essayons toutefois
d'oublier pour un moment les tristes pensées, pour ne voir que ce qui console et ce
qui édifie, et cherchons dans la vie de celui qui n'est plus, ce qu'elle peut avoir
d'instructif pour nous, et de glorieux pour

lui. Le Ciel l'a fait passer par toutes les vicissitudes humaines, et nous l'a montré sous les coups les plus rudes de l'adversité comme au sein des grandeurs. Nous allons donc l'envisager dans ce double point de vue, pour faire voir que, supérieur à la mauvaise comme à la bonne fortune, il a constamment honoré l'Eglise de France, et dans ses jours de prospérité par les plus douces vertus, et dans ses jours de disgrâce par le plus ferme courage, et dans les jours de sa dernière restauration par un zèle plein de sagesse : telle sera la matière de l'Eloge que nous consacrons à la mémoire d'Eminentissime et Révérendissime Monseigneur le Cardinal DE TALLEYRAND-PÉRIGORD, Archevêque de Paris, Grand-Aumônier de France, Commandeur de l'Ordre du Saint-Esprit, Pair de France, et Primicier du Chapitre Royal de Saint-Denis.

Si l'éclat de la naissance ne s'effaçoit
pas devant les ombres de la mort, qui
confond toutes les conditions humaines ;
si les titres et les dignités pouvoient être
quelque chose sur la tombe qui les englou-
tit sans retour, j'aimerois à vous entrete-
nir, Messieurs, de cette Maison DE PÉ-
RIGORD, dont l'origine se perd dans les
temps obscurs de la Monarchie : je dirois
qu'elle étoit déjà puissante sous les premiers successeurs de Charlemagne ; que,
durant plusieurs siècles, elle domina dans
une province dont elle porte encore le
nom, et que, d'âge en âge, on la vit s'al-
lier de tous côtés aux races les plus illus-
tres. Je n'oublierai pas ce Cardinal DE
PÉRIGORD, qui, sous le Roi Jean, eût
épargné à la France la fatale journée de
Poitiers, si l'on eût écouté la sagesse de
ses conseils ; et voilà comme du sein des
générations passées sortiroit un éclat qui

rejailliroit sur celui qui est l'objet de cette pieuse Cérémonie.

Mais comment oserois-je célébrer les grandeurs humaines dans l'Eloge d'un Pontife qui ne les a connues que pour les cacher sous le voile des plus modestes vertus; et devant ce Sanctuaire auguste, autour duquel sont représentés deux Monarques puissans (1), qui s'humilient devant le Très-Haut, lui font hommage de leur grandeur empruntée, et par leur attitude même semblent nous avertir que Dieu seul est grand : *Tu solus Altissimus?* Et certes, Messieurs, lorsque le bruit de l'Europe ébranlée, et tremblante encore jusque dans ses fondemens, semble retentir à nos oreilles, pourrions-nous être éblouis de la figure d'un monde qui passe? Et faudroit-il donc dire aux hommes de nos jours, ce que saint Jérôme, dans son Eloge funèbre de Népotien, disoit aux hommes

(1) Louis XIII et Louis XIV.

de son temps, témoins de la chute de l'empire romain : Le monde social s'est écroulé de toutes parts, et cependant notre orgueil reste debout au milieu de tant de ruines : *Romanus orbis ruit, et tamen cervix nostra erecta non flectitur.*

Heureusement le Cardinal DE PÉRIGORD brille d'une gloire sur laquelle le temps et les hommes ne peuvent rien. La Religion a sanctifié sa vie toute entière, et a répandu sur elle, depuis le berceau jusqu'à la tombe, son éclat immortel. Privé, dans un âge encore tendre, d'un père qui, digne de ses ancêtres, étoit mort au champ d'honneur, il va croître sous les yeux d'une mère incomparable, dont les vertus furent si hautes et si pures, qu'elle commanda à un siècle corrompu le silence du respect et de l'admiration, et pour laquelle Louis XV avoit conçu une si profonde estime, qu'il s'étoit fait une loi d'acquiescer à toutes ses demandes sans examen ; condescendance dont il n'eut jamais lieu de se repentir. Elle vérifia dans le sens le plus chrétien cette devise de sa maison : *Rien que Dieu* (1). O mère véritablement chrétienne ! vous que dans son testament notre pieux Archevêque appelle *ma sainte mère,* soyez bénie à la face des autels d'avoir formé, pour la gloire de la Religion, les premières années d'un fils digne de vous et des hautes dignités où le Ciel devoit l'appeler un jour !

Guidé par la sagesse même, cet enfant de bénédiction, en croissant en âge, croissoit en vertus ; c'étoit un nouveau Samuel que le Ciel s'étoit réservé pour lui seul, et pour en faire le conducteur de son peuple. L'aménité de ses mœurs, la modération de son caractère, une piété tendre, ses goûts naissans, tout semble déceler en

_____

(1) La devise porte : *Ré que Diou;* mots du dialecte patois du Rouergue comme du Périgord.

lui une vocation sainte; et c'est pour y
être fidèle qu'il entre dans cette école de
probation, où des hommes vénérables,
joignant la science à la simplicité, prati-
quent tous les jours, sous les yeux des
élèves du sanctuaire, ce qu'ils leur en-
seignent, en sont plutôt les pères que les
maîtres; et le Séminaire de Saint-Sulpice
aura le mérite d'avoir préparé à l'Eglise
de France le Cardinal DE PÉRIGORD;
comme il lui a préparé l'immortel Féné-
lon, et le digne historien de sa vie, ainsi
qu'un grand nombre de ceux qui, depuis
deux siècles, ont jeté le plus d'éclat dans
l'épiscopat et le sacerdoce françois, par
leurs vertus ou par leurs talens.

Ne craignez pas qu'en sortant de ce
pieux asile le jeune Abbé DE PÉRIGORD,
dissipé par les plaisirs, ou égaré par l'am-
bition, laisse affoiblir en lui cet esprit sacerdotal dont il étoit pénétré. Si le Cardinal de la Roche-Aimon, Archevêque

de Rheims, se le voit associé sous le titre
de Coadjuteur pour le gouvernement de
son diocèse, bientôt, dans cette haute
dignité, il laisse apercevoir en tout, dans
ses discours comme dans sa conduite, cette
aimable sagesse qui, sans violence, cap-
tive les esprits et les cœurs : dans l'âge
même des illusions et de l'inexpérience,
il s'annonce comme un des plus beaux
ornemens de l'Eglise de France ; chaque
jour ajoute aux espérances de la veille, en
développant de plus en plus ce qui devoit
le rendre constamment agréable à Dieu
et aux hommes : *Placebat tam Deo quàm
hominibus;* et ce qu'il fait déjà sous la
direction du Pasteur principal révèle ce
qu'il sera capable de faire un jour, quand
il sera à la tête du troupeau.

Ce n'est pas sans alarmes qu'il a vu arriver ce moment, que redoutoit sa mo-
destie. Ici, Messieurs, ne cherchez pas cet
éclat vif, éblouissant, qui, bien souvent,

est faux et trompeur : j'ai à vous offrir
cet éclat doux, solide, inaltérable, qui
vient d'un ensemble de qualités précieuses
et rares. Le ciel avoit doué notre Pontife
de ce discernement qui saisit le point
précis et délicat dans les affaires, de cette
maturité de raison qui ne précipite rien,
de cette patience qui attend le moment
favorable, de cette fermeté que la douceur tempère, qui ne repousse pas les
condescendances, mais qui ne sait pas
fléchir quand il s'agit du devoir ; de ce
courage qui ne cherche pas les périls, mais
qui n'en est pas déconcerté ; de cette élé-
vation d'ame qui sait dissimuler des torts,
et ne rend jamais le mal pour le mal. Avec
de telles qualités que ne peut-il pas en-
treprendre ?

Ses premiers regards se portent sur
ceux qui sont appelés à être le *sel de la
terre* par leurs exemples, et la *lumière
du monde* par leur doctrine. Faut-il en-

tretenir parmi les jeunes Ministres des autels cet amour de la science, sans laquelle la piété est insuffisante et le zèle s'égare aisément? Il assujettit à des examens annuels leurs études théologiques. Faut-il nourrir dans leur ame la flamme de la charité, cette *piété qui est utile à tous*, sans laquelle la science *enfle* au lieu d'édifier? Il les appelle à des retraites ecclésiastiques; et, pour remonter ici à la source même du bien, il travaille avec zèle à régénérer son Séminaire; il poursuit cette œuvre capitale avec autant de force que de douceur, et il a la consolation d'y voir enfin réunie toute la pureté de la doctrine à toute l'autorité de l'exemple.

Au-dessus des prestiges qui entourent les dignités et les richesses, il voit dans l'Episcopat non l'éclat dont il brille, mais le fardeau qu'il impose; dans les fonctions saintes, non les hommages qu'elles attirent, mais les bénédictions qu'elles

répandent ; dans les trésors du Sanctuaire, non un patrimoine profane, mais
celui des pauvres ; et, à ce sujet, voyez
comme il embrasse tous les besoins même
temporels de son peuple. Dans une ville
où l'industrie occupe tant de bras, et pro-
cure à une multitude d'ouvriers le pain
qui les nourrit, il peut arriver que la
suspension des travaux journaliers jette
beaucoup de familles dans la misère, et
que la misère les laisse en proie à des usu-
riers impitoyables ; et voici que notre
Prélat, pour les sauver de cette cruelle
avarice, fonde en leur faveur un établis-
sement pieux, administré avec autant de
désintéressement que de sagesse.

De fréquens incendies portent la con-
sternation dans des villages entiers, dont
les maisons, couvertes de chaume, sont
plus aisément dévorées par les flammes :
hé bien, c'est pour en secourir les habi-
tans infortunés, que leur père commun
établit

établit ( qu'on me permette de dire la
chose par son nom ), la *Caisse des In-
cendiés;* et, par les soins de sa pré-
voyante sagesse, les maisons rebâties
sont couvertes d'une manière plus solide,
et qui les expose moins aux ravages du
feu.

Que si les inondations, si la disette,
si d'autres fléaux destructeurs désolent les
cités et les campagnes, son zèle ne con-
noît plus de bornes, et ses abondantes
largesses provoquent celles de toutes les
classes riches de la société. C'est ainsi que
le Pasteur est toujours vigilant pour son
troupeau, et que celui qui est le premier
de tous par la dignité devient le serviteur
de tous par la charité. Je pourrois en
appeler ici à un témoin irrécusable, à ce
digne Prélat que notre Archevêque se
réjouissoit d'avoir pour successeur sur le
siége de Rheims, et qui, investi alors de
toute sa confiance, étoit associé aux tra-

vaux de son Episcopat (1) : aussi son nom
étoit en bénédiction ; le respect, la confiance et l'amour des peuples entouroient
sa personne, et, partout où il se mon-
troit, sa présence seule étoit comme un
bienfait public. Et quel empire n'ajou-
toient pas à celui de tant de solides vertus, les qualités aimables qui les embel-
lissoient ? La sérénité de son ame reluisoit
sur son front ; une douce majesté étoit ré-
pandue sur toute sa personne ; simple avec
dignité, grand sans faste, il étoit d'une
égalité d'ame que rien n'altéroit : on l'a-
bordoit sans crainte, mais avec respect ;
il n'avoit rien de ce qui intimide, mais
rien aussi de ce qui provoque la familia-
rité ; ses manières étoient douces, ses paroles plus douces encore : le sentiment
qu'il faisoit éprouver étoit celui d'une
tendre vénération. On trouvoit toujours

(1) M<sup>gr</sup>. de Concy, autrefois Vicaire-général, et aujourd'hui Archevêque de Rheims.

en lui et le Pontife et le Pasteur, et l'homme
pieux et l'homme né dans les plus hauts
rangs de la société : il avoit ce goût exquis
des convenances qui assortit les parolse
aux personnes, et fait rendre à chacun ce
qui lui est dû. Jamais la grandeur n'avoit
été unie à plus de politesse; et, si la dignité
de la chaire comportoit une expression
familière qui rendroit bien ma pensée, je
me plairois à dire que personne n'étoit
*plus grand Seigneur* que lui. Enfin, ne
semble-t-il pas que les livres saints aient
tracé d'avance son portrait tout entier
dans celui du Grand-Prêtre Onias, dont
il est écrit : Que c'étoit un homme véritablement bon, d'un aspect vénérable,
d'une douce gravité de mœurs, agréable
et réservé dans ses discours, et qui, dès
son enfance, s'étoit exercé dans toutes
sortes de vertus : *Virum bonum, et be-*
*nignum, verecundum visu, modestum*
*moribus, et eloquio decorum, et qui à*

*pueritiâ in virtutibus exercitatus sit* (1).

Ne soyons donc pas étonnés que, frappés de tant de qualités réunies, les étrangers conçoivent pour sa personne des sentimens profonds d'estime et de vénération. Le plus grand homme d'Etat que l'Angleterre ait eu de nos jours (2), après avoir séjourné quelque temps à Rheims, fut si touché de tout ce qu'il avoit trouvé dans son digne Archevêque, de vertueux, de noble, d'aimable, de poli, qu'il en conserva toujours le souvenir ; si bien, qu'au commencement de nos dissentions funestes il s'empressa de lui faire offrir tous ses services.

Tel étoit, Messieurs, l'Archevêque de Rheims. Alors, sans doute, il se promettoit de poursuivre et de terminer en paix sa carrière ; du moins, s'il prévoyoit des catastrophes, il ne pouvoit guère penser

(1) Machab. l. II, xv, 12.
(2) M. Pitt.

que bientôt il en seroit lui-même la victime. Cependant à cette époque que de
sinistres présages ! Des écrivains, folle-
ment audacieux, prêchoient hautement
la licence et l'impiété ; l'esprit de blas-
phême et d'indépendance se répandoit de
toutes parts, et se manifestoit jusque
parmi ceux qui devoient être les plus
fidèles gardiens des mœurs, des lois et
de l'autorité ; partout la révolte contre
Dieu disposoit à la révolte contre les
Rois ; dans bien des écrits lus avec avi-
dité, et trop souvent accueillis, protégés
par ceux qui devoient les redouter davantage, on ne dissimuloit pas le projet qu'on
a tenté plus tard, et qu'on n'a pas encore entièrement abandonné, celui de pré-
cipiter ensemble dans l'abîme tous les
trônes comme tous les autels. Au dehors
tout étoit brillant ; au dedans fermentoient
tous les germes de dissolution et de mort,
et, travaillée par un levain d'impiété sé-

ditieuse, la France ressembloit à ces mon-
tagnes célèbres dont là surface se couvre
des fleurs et des fruits d'une végétation
féconde, et dont le sein est un immense
réservoir de matières brûlantes, qui semblent n'attendre que le moment de se répandre au loin en torrens dévastateurs.

O Pontife également chéri et révéré,
vous ne serez pas étranger aux secousses
effroyables dont la France est menacée;
mais la main de Dieu sera toujours avec
vous, et l'on verra qu'aux douces et pacifiques vertus qui, dans les jours de calme,
font les bons Pasteurs, vous savez joindre
ce courage qui, aux jours de la tempête,
fait les Confesseurs et les Martyrs.

ELLE est arrivée pour la France cette
désolation, dont on peut bien dire qu'on
n'en avoit pas vu de semblable depuis le
commencement de la Monarchie, et dont
je ne veux rappeler en ce moment que

ce qui se lie aux destinées du Cardinal DE PÉRIGORD, et en a fait ressortir les généreuses vertus avec tant d'éclat. Aux siècles précédens on avoit vu ce que peut la haine du Christianisme dans les sectateurs des autres religions, ce que peut le faux zèle pour armer quelquefois les hommes contre les hommes au nom du Ciel; maintenant on va voir ce que peut, pour le malheur des peuples, le fanatisme de l'impiété. Des sophistes impitoyables, armés tour à tour du glaive de Décius et de la plume de Julien, déclarent la guerre à Dieu et aux hommes; tout ce qui ne plie pas devant leurs systèmes pervers en devient la victime; les noms de tolérance et d'humanité ne sont que le signal de la persécution la plus sanglante; les chrétiens sont immolés devant les autels de la *raison*, comme ils l'étoient autrefois aux pieds des idoles du paganisme, et le dix-huitième siècle,

qui s'est appelé fièrement le siècle des
lumières, aura la honte éternelle d'avoir
fait une multitude de Martyrs. Il sera
décidé que les sciences, les lettres, les
arts, les connoissances humaines, toutes
ces choses si vantées, ne sont rien contre
la fureur des passions déchaînées, quand
on a brisé tous les freins de la Religion
et de la morale, et que ce qu'on nomme
civilisation n'empêche pas qu'une nation
savante et polie ne voie s'accomplir sur
elle cette parole du Sage : Lorsque les
impies régneront, le peuple gémira : *Cùm
impii sumpserint principatum, gemet
populus.* C'est surtout contre les colonnes
de l'Eglise, contre le corps des premiers
Pasteurs que les coups sont dirigés : mais
le Ciel est avec eux pour leur commu-
niquer une force invincible; les jeunes
s'unissent aux anciens pour former tous
ensemble une sainte phalange contre l'ennemi commun. Le moment du combat

arrive, et, dès la première attaque, on
s'aperçoit qu'il est plus facile de les dé-
pouiller que de les avilir, de les persé-
cuter que de les vaincre. Recevez ici un
hommage particulier, vous qui, interpellé
le premier par les ennemis de la Religion, donnâtes au Clergé françois le signal
d'une héroïque résistance (1). Certes, c'est
un beau spectacle donné au monde que
celui de cent trente Evêques, qui s'élèvent
par la foi au-dessus de toutes les considérations humaines, immolent leur repos à
leur conscience, et préfèrent l'exil, la
mort même, s'il le faut, à de commodes,
mais funestes innovations. Partez, illus-
tres exilés, apparoissez aux nations étrangères avec l'intégrité d'une foi que rien
n'a été capable d'entamer; dispersez-vous
jusqu'au milieu des communions séparées
de la nôtre; dissipez par votre seule pré-

(1) M. de Bonnac, Evêque d'Agen, mort premier
Aumônier du Roi.

sence les préjugés dont elles peuvent être imbues; et, marchant à la tête de tant de Prêtres fidèles qui suivent vos pas, montrez aux peuples divers cette Eglise Gallicane, plus belle dans ses malheurs que dans ses prospérités, et plus grande encore que sa renommée. Il étoit digne du Royaume très-chrétien de donner à l'Univers un des plus beaux exemples d'héroïsme religieux que puissent présenter les annales du Christianisme; pour trouver quelque chose de semblable, il faudroit remonter jusqu'à l'église d'Afrique, au temps de la dévastation des Vandales.

C'est parmi ces glorieux Confesseurs de la foi que nous trouverons l'Archevêque de Rheims : on peut le suivre en quelque sorte à la trace de ses vertus; calme au milieu des orages, résigné dans le malheur, il a l'âme trop élevée pour ne pas avoir perdu sans amertume ce qu'il possédoit sans cupidité. Si son nom, sa dignité, ses qualités personelles lui donnent quelque ascendant auprès des hommes riches et puissans des diverses contrées de l'Allemagne, c'est pour le faire tourner au soulagement de l'indigence et de l'infortune. A Bruxelles, à Cologne, à Wolfembuttel, partout il se montre comme un ange de paix et d'humanité; par sa patience, il apprend aux autres à souffrir; par sa douceur, il calme les ames aigries, versant les consolations quand il ne peut répandre les bienfaits : et ici, comme en tout, on pouvoit dire de lui ces paroles, qui lui ont été si heureusement appliquées : Que ses voies étoient belles, que tous ses pas étoient pacifiques : *Viæ ejus, viæ pulchræ, et omnes semitæ illius pacificæ.*

Est-il appelé auprès de son Roi, il ne cessera pas d'être l'homme de Dieu et l'homme des malheureux; et sa sagesse, son courage le rendront digne d'entrer dans les conseils d'un Prince qui a su contempler d'un œil ferme les débris de sa grandeur, n'a jamais désespéré de lui, de sa famille, de la France, et que le Ciel conservoit en effet pour des temps plus heureux.

Cependant, Messieurs, sans Religion et sans Roi qu'étoit devenue notre Patrie? Dix ans s'étoient écoulés, qui avoient accumulé sur elle les impiétés et les abominations de dix siècles, lorsque tout y prend une face nouvelle. Un homme est suscité de Dieu, tantôt pour abattre ce qui est debout, comme Attila, tantôt pour relever ce qui est abattu, comme Cyrus; jusqu'à ce qu'enfin, après avoir été l'instrument de la Providence, il soit brisé lui-même sans retour. Jeune encore, c'est sur le champ de bataille qu'il reçoit d'en haut la pensée de pacifier l'Eglise de France. Dans ce dessein, il se tourne vers celui, qui, placé au sommet de la hiérarchie sacrée, étend ses regards sur tout le monde chrétien, observe, corrige, console, fortifie, et s'empresse d'aller au secours des Eglises affligées. Ici que va-t-il arriver? Une lutte s'engage entre le saint Siége et une grande partie des Evêques de France. D'un côté, on croit devoir prendre des mesures extraordinaires pour guérir des maux qui paroissent incurables par les voies communes, et s'élever au-dessus de ce qui est consacré par les usages et les Canons; de l'autre, on croit devoir faire entendre des réclamations respectueuses en faveur des formes antiques. Laissons à l'histoire le soin de raconter les faits et les controverses, et contentons-nous de rappeler à ce sujet ce que disoit saint Augustin à l'occasion des différends élevés, au troisième siècle, entre saint Cyprien et le Pape saint Etienne : Que, si les esprits étoient divisés, la paix et la charité régnoient dans les cœurs : *Vicit pax in*

*cordibus eorum.* Et quel Evêque françois, même au milieu de tous ces démêlés, ne se fût écrié volontiers avec ce Bossuet, le plus beau génie de la France, et l'oracle de notre Eglise : « Sainte Eglise Romaine,
» mère des Eglises, et mère de tous les
» fidèles, Eglise choisie de Dieu pour unir
» ses enfans dans la même foi et dans la
» même charité, nous tiendrons toujours
» à ton unité par le fond de nos entrailles.
» Si je t'oublie, Eglise Romaine, puissé-je
» m'oublier moi-même! que ma langue
» se sèche et demeure immobile dans ma
» bouche, si tu n'es pas toujours la pre-
» mière dans mon souvenir, si je ne te
» mets pas au commencement de tous mes
» cantiques de réjouissance » : *Adhœ-reat lingua mea faucibus meis, si non meminero tuî, si non proposuero Jerusalem in principio lœtitiœ meœ.*

Mais, pendant que l'Eglise de France respire, une longue carrière de douleurs

s'est ouverte pour l'Europe entière. Les
Princes et les peuples, les capitales des
Etats divers comme les cités vulgaires,
les armées les plus nombreuses comme
les mieux commandées, tout est vaincu,
tout succombe; et l'Europe, qui s'étoit
épouvantée des forfaits de l'impiété, s'é-
pouvanta peut-être davantage encore des
triomphes de nos guerriers. La victoire
les a conduits dans les contrées du Nord;
mais bien souvent la victoire fait payer
chèrement les palmes qu'elle donne. La
ville de Mittau se remplit de soldats françois malades ou blessés; un mal conta-
gieux les dévore, tout s'empresse pour les
secourir; la fille des Césars, héroïne de
bonté comme de courage, prépare elle-
même, de ses royales mains, de quoi pan-
ser leurs plaies. Plusieurs de nos Prêtres
exilés périssent victimes de leur zèle; de
ce nombre est en particulier ce digne Mi-
nistre du Très-haut, étranger par la nais-

sance, mais François par le cœur, à qui
notre Patrie doit un monument de reconnoissance, et que le Ciel avoit destiné à
être le consolateur des Rois de la terre dans
leurs extrêmes infortunes. O vénérable
Edgeworth! je crois m'honorer moi-même,
ou plutôt honorer le sacerdoce tout entier, en rendant ici un hommage solennel
à votre sublime dévouement : la terre n'a-
voit pas de récompense digne de vous ; le
Ciel vous réservoit la plus belle de toutes
les couronnes, celle des Martyrs de la charité. Ici, Messieurs, je retrouve notre Pontife avec tous ses sentimens de commisé-
ration pour le malheur ; rien ne l'arrête :
il visite lui-même, sur le lit de douleur,
ces François qu'y retiennent leurs bles-
sures ou la maladie. O combien ses entrailles sont émues sur le sort de ces hommes dont la Patrie est aussi la sienne. Il
peut bien dire, dans l'oubli de toutes nos
discordes : Quel est le François qui souffre

fre sans que je souffre avec lui? *Quis in-*
*firmatur, et ego non infirmor?*

Mais quoi ! ne doit-il donc plus la re-
voir cette France, qui lui est si chère ?
L'auguste Famille dont il partage la destinée est-elle donc condamnée à errer éter-
nellement sur les terres étrangères? Non,
Messieurs, la Providence va sortir enfin
de son secret, et se manifester en sa faveur. Un historien de l'antiquité profane
a fait une réflexion bien remarquable sous
sa plume (1): « Lorsque Dieu, dit-il, veut
» changer le sort des hommes, il a cou-
» tume de pervertir leurs conseils, en
» sorte qu'ils paroissent avoir mérité leurs
» infortunes par leurs fautes, et n'être pas
» moins imprudens que malheureux ». A
ces traits, Messieurs, vous reconnoissez
ce dominateur de la France, et même de
l'Europe, qui, dans l'enivrement de sa
puissance, prépare, poursuit, consomme

(1) Velleius.

avec la plus aveugle obstination sa propre ruine. Alors un cri d'amour s'élève dans le royaume, qui retentit jusqu'à l'asile des Enfans de saint Louis; et voilà qu'ils apparoissent, comme l'astre du jour après les tempêtes, apportant le bonheur avec la véritable liberté, et la France se reposera enfin sous le sceptre paternel de ses Rois antiques. Vous venez avec eux, vous, Pontife dont nous célébrons la mémoire; après avoir été fidèle à leur infortune, ne faut-il pas que vous soyez réjoui par leur triomphe?

Ici, Messieurs, je dois oublier les événemens purement politiques, étrangers à mon ministère, pour ne voir que les intérêts de la Religion, qui, au reste, est dans la société ce qu'est la lumière dans la nature, par laquelle tout se vivifie et sans laquelle tout languit. Il s'agit de donner à cette Religion sainte plus d'éclat et plus d'autorité, pour l'affermissement mê-

me du trône et le bonheur des peuples,
de faire cesser toute division, de multi-
plier les siéges épiscopaux pour rendre les
secours spirituels plus faciles et plus abon-
dans, et combler, s'il est possible, l'abîme
que le temps et la mort ont creusé au milieu du sanctuaire.

C'est pour cela même que des négocia-
tions sont entamées avec le saint Siége.
Nous n'essaierons pas de soulever le voile
dont elles ont été couvertes, ni de discu-
ter les projets divers qui purent être for-
més; nous dirons seulement que notre
sage Pontife étoit incapable de se laisser
égarer par des considérations privées, et
qu'il aimoit trop sincèrement l'Eglise pour
ne pas se prêter, dans des temps diffici-
les, à toutes les condescendances de la
charité. Une convention nouvelle avec le
souverain Pontife est enfin publiée; avec
elle naissent de douces espérances dans
l'ame des fidèles. Mais voici que des cris

d'alarme se font entendre; comme à l'aspect d'un ennemi qui viendroit envahir nos provinces; et, dès ce moment, les obstacles se multiplient devant l'autorité. Messieurs, je ne suis point ici pour accuser les hommes; mais il m'est bien permis de déplorer les malheurs des temps qui ont prolongé le veuvage de beaucoup d'Eglises désolées, et privé pendant deux années cette Capitale de son premier Pasteur.

Enfin, Messieurs, le Cardinal DE PÉRIGORD monte sur le siége de Paris, ayant à ses côtés le fils adoptif de son cœur paternel, sur lequel devoit reposer son esprit, et qui fait maintenant notre consolation et nos espérances. Qu'on ne pense pas que l'âge et les infirmités aient affoibli les facultés du vénérable Pontife, ou altéré la douceur de son caractère : non, la sagesse est dans ses pensées, comme l'urbanité dans ses discours et ses maniè-

res. Il porte un coup d'œil plein de saga-
cité sur l'état du peuple que le ciel lui
confie, sur les maux et sur les remèdes,
et le zèle semble lui donner des forces
que la nature lui refuse.

Ranimer l'esprit sacerdotal parmi les
Ministres des autels ; et, pour cela, les
réunir durant plusieurs jours en un lieu
de solitude et de recueillement, où il se
trouvoit lui-même partageant leurs repas
comme leurs pieux exercices, et rappeloit
l'Apôtre saint Jean dans sa vieillesse, au
milieu de ses disciples bien-aimés ; sur-
veiller, avec une attention spéciale, l'en-
seignement comme la piété, dans ces éco-
les où croissent les jeunes élèves du sanctuaire, dernier espoir de la Religion ; sou-
tenir de son autorité l'œuvre apostolique
des Missions, qui a fini par triompher de
tous les préjugés ; encourager toutes les
saintes entreprises qu'inspire la charité,
et pour l'éducation de l'enfance, et pour

le soulagement des malheureux, et pour la conversion des ames égarées ; voilà ce qui occupoit son épiscopat. Un désir bien cher à son cœur, qu'il aimoit à manifester, et dont il appeloit avec ardeur l'accomplissement pour le bien des générations à venir, comme pour celui des générations présentes, c'étoit le désir et de voir consacré au culte de la Patronne de Paris le temple magnifique érigé en son honneur, et de voir se relever cette illustre Sorbonne, d'où, pendant plusieurs siècles, ont découlé, comme d'une source intarissable, des ruisseaux de saine doctrine dans toutes les parties de l'Eglise Gallicane, et de voir bâtir une demeure plus commode, plus spacieuse, plus saine, pour les jeunes Lévites dont la conservation est si précieuse : il a eu la consolation de bénir lui-même la première pierre de cet édifice ; espérons que les circonstances permettront au Roi très-Chrétien d'ac-

complir le reste de ses vœux. Enfin, pour
ne pas interrompre le récit des œuvres
de son zèle, je dirai que c'est à lui qu'est
dû le bienfait de cette Visite pastorale,
qu'exécute aujourd'hui si heureusement
son successeur ; en sorte que, même après
sa mort, il continue d'instruire et d'édifier : *Defunctus adhuc loquitur.*

Déjà depuis une année il se livroit dans
cette capitale à tous les soins du ministère
pastoral, lorsque le ciel vint réjouir la
France par un de ces événemens où la
Providence semble se montrer à décou-
vert. O merveille si désirée et si oppor-
tune ! un rejeton est sorti de la tige des
lis, un nouvel Henri nous est né, et l'on
peut bien dire que le berceau qui le reçoit renferme la *fortune de la France.*
Quelle mère ! quelle naissance ! Et qui ne
fut pas tenté de s'écrier : Quel pensez-
vous que sera un jour cet Enfant : *Quis
putas Puer iste erit?* Le moment est venu

de le porter dans cette basilique même, pour le consacrer à son Dieu ; vous savez quelle fut la pompe et la magnificence de ce jour si heureux pour tous, mais en particulier pour le Pontife, qui, de ses mains vénérables et pures, offrit à celui par qui règnent les Rois, l'Enfant miraculeux, devenu le signe de la réconciliation du ciel avec la France. C'est bien après cette auguste cérémonie qu'il put dire, comme le vieillard de l'Evangile : Maintenant, ô mon Dieu ! laissez aller en paix votre serviteur ; mes vœux sont accomplis ; j'ai vu de mes yeux le salut de la France, et la paix du monde.

Depuis ce moment, en effet, tout semble annoncer qu'il a rempli sa destinée sur la terre : mais si, d'un côté, son grand âge et ses souffrances habituelles faisoient craindre pour ses jours, de l'autre, il sembloit qu'on ne devoit jamais perdre celui qu'on eût voulu toujours conserver,

et sans cesse les désirs se changeoient en
espérances; que si l'épuisement de ses
forces devient sensible de plus en plus,
sa patience est inépuisable, et sa douceur
n'est que plus touchante au milieu des
maux qui le consument : avec les périls
croissent les alarmes; tout ce que peut
l'art des hommes les plus habiles est mis
en usage; mais tout est inutile. Le ma-
lade n'a plus rien à attendre des hommes;
toutes ses pensées se tournent vers les derniers secours que l'Eglise donne à ses enfans; il les reçoit avec une douce confiance, des mains de celui qui le chérit et le
révère comme son père, et qui, faisant
effort sur sa douleur, lui adresse les paroles les plus tendres et les plus consolan-
tes. Fortifié par la grâce, il semble ne plus
vivre pour la terre; toutefois, ces affections de famille, que la Réligion consacre
et qu'elle épure, sont loin d'être éteintes
dans son cœur : plein de tendresse pour

les siens, qui, dans ces derniers momens, entourent son lit de mort, il lève sur leurs têtes ses mains défaillantes, et il appelle sur eux toutes les faveurs de la divine miséricorde. Mais voici que deux enfans de saint Louis, ces Princes d'un cœur si noble, si françois et si chrétien, viennent visiter celui qu'ils appellent *notre ancien ami.* O qui pourroit dire combien cette parole touchante pénétra un cœur comme le sien, et dut y ranimer son amour pour le sang des Bourbons! Aussi, la nuit même qui devoit se terminer par sa mort, on l'entendit prier encore pour son Roi et pour l'Enfant de la France. O Dieu ! n'avez-vous pas exaucé de si pieux gémissemens ? Enfin, comblé d'années et de biens spirituels, qui sont pour lui le gage d'une gloire immortelle, le saint vieillard s'endort dans la paix du Seigneur : *Mortuus est in senectute bonâ, plenus dierum et divitiis, et gloriâ.*

·· Messieurs, le Cardinal DE PÉRIGORD
n'est plus, mais ses exemples et ses vertus
nous restent. Parcourez sa longue carrière : quelle tache y trouverez-vous qui
la dépare? Il s'est éteint comme un astre,
qui, dans son cours, n'auroit répandu sur
la terre que de bénignes et de salutaires
clartés. Disons, pour la consolation de
l'Eglise de France, qu'il revivra dans les
deux Prélats héritiers de ses dignités, et
dont l'âge, la piété, la sagesse éclairée,
permettent de concevoir pour l'avenir de
si douces espérances. Elles sont ici présentes, elles sont venues rendre avec nous
à sa mémoire un hommage de tendre et
respectueuse reconnoissance, les personnes dont les noms sont écrits dans l'acte
dépositaire de ses dernières volontés ; et
pourroit-il ne pas être à jamais gravé
dans nos cœurs ce Testament, image de
sa vie, dans lequel son ame s'est épanchée
avec tout ce qu'elle avoit de piété, de no-

blesse, de bonté, de douceur, et qui renferme en particulier des témoignages si
honorables d'estime et d'affection pour
celui qui lui succède sur le siége de cette
Capitale (1).

O bienheureux Pontife, si, après une
longue vie de vertus et de souffrances, il
vous eût resté néanmoins en mourant
quelque chose à expier aux yeux de celui
qui *juge les justices mêmes*, sans doute
que tant de vœux, de prières, de sacri-
fices offerts sur nos autels, auront achevé
de purifier votre ame! J'aime à vous contempler sur un trône de gloire, entre
vos saints prédécesseurs, saint Remi et
saint Denis. Si l'Eglise de l'Apôtre des
François a joui de vos premières affections, l'Eglise de l'Apôtre de l'ancienne
Gaule a eu les affections de vos dernières
années; et l'une et l'autre portent à votre
mémoire un égal sentiment de vénération

(1) *Voyez* page 47.

et d'amour. Du haut des cieux, vous veil-
lerez encore sur elles ; surtout vous de-
manderez, pour vos successeurs et les
coopérateurs de leur sollicitude la grâce
de mériter, en imitant vos vertus, la cou-
ronne immortelle qui en est la récompense.

### FIN.

# ARTICLES DU TESTAMENT

## DE SON ÉMINENCE

## MONSEIGNEUR LE CARDINAL

## DE PÉRIGORD.

———

« I. Je prie Mgr. l'Archevêque de Trajanople,
» Coadjuteur de l'Archevêché de Paris, de rece-
» voir mes Pontificaux et autres livres que je puis
» avoir à l'usage du Diocèse de Paris, comme un
» très-foible témoignage de mon estime et de mon
» amitié. Je remercie le Roi d'avoir bien voulu
» me l'accorder pour Coadjuteur, et je me félicite
» tous les jours de l'avoir pour adjoint dans l'ad-
» ministration de cet important Diocèse, dont la
» charge étoit trop forte pour moi, vu mon grand
» âge et mes habituelles et douloureuses infirmi-
» tés. Cette réunion pouvoit seule me déterminer
» à accepter cette effrayante charge, que j'avois
» prié plusieurs fois, et avec les plus vives ins-
» tances, Sa Majesté de ne pas exiger de mon

» attachement et de mon dévouement que je l'ac-
» ceptasse. J'ai la consolation de penser qu'après
» moi M. le Coadjuteur y fera tout le bien qui
» lui sera possible et que je désire.

   » II. Je renouvelle à M$^{gr}$. le Coadjuteur mes
» remercîmens de tout ce qu'il a bien voulu faire,
» du zèle qu'il n'a cessé de mettre pour m'aider
» dans le commencement du bien qu'il étoit pos-
» sible de faire pendant le peu de temps que j'ai
» été Archevêque de Paris. Je me félicite tous les
» jours de l'y avoir pour successeur, bien assuré,
» d'après ses vertus, son zèle et ses moyens, qu'il
» y fera tout le bien qui dépendra de lui ».

www.ingramcontent.com/pod-product-compliance
Lightning Source LLC
Chambersburg PA
CBHW061708180626
46818CB00003B/1305